Ln. 11282.

ÉLOGE

DES FRÈRES

LAMOTHE

AVOCATS AU PARLEMENT DE BORDEAUX,

Prononcé le 18 Janvier 1850,

A LA RENTRÉE DES CONFÉRENCES DE L'ORDRE DES AVOCATS
DE BORDEAUX,

PAR Me EDMOND FAURIE,

AVOCAT.

BORDEAUX
IMPRIMERIE D'ÉMILE CRUGY
Rue et hôtel Saint-Siméon, 16.

1850

ÉLOGE

DES

FRÈRES LAMOTHE,

AVOCATS AU PARLEMENT DE BORDEAUX.

Messieurs,

Le mérite a toujours droit à nos éloges ; c'est un devoir pour nous de les lui prodiguer : c'est un devoir plus strict encore de les lui imposer, lorsque sa modestie semblait le condamner à l'oubli.

Fidèles à ce précepte généreux, nous inaugurons chaque année le cours de nos travaux par le récit de la gloire de nos prédécesseurs les plus illustres ; chaque année, à pareille époque, appelant à une fête de famille le barreau tout entier et la magistrature, ces deux ordres issus d'une même origine, nous consacrons à ces illustrations qui ne sont plus quelques souvenirs, nous payons à leur mémoire la dette sacrée de la reconnaissance.

Pieux usage, qui tend à resserrer plus fortement encore les liens qui nous unissent en nous rendant tous solidaires d'une commune gloire, et à vivifier parmi nous cette confraternité, source perpétuelle pour notre Ordre de sa dignité et de son indépendance. Tradition précieuse qui semble nous placer sous le patronage et l'invocation de ceux que nous célébrons, et qui nous les propose comme les modèles à l'imitation desquels nous devons diriger nos efforts.

A nous, Messieurs, novices dans cette périlleuse et difficile carrière du barreau, il faut dire ce que furent ces hommes dont les noms sont encore en honneur parmi nous; quels travaux, quels succès leur ont acquis ces droits à notre souvenir, pour qu'animés d'une noble émulation, instruits par leur exemple, nous puissions, sinon les atteindre, du moins les suivre de loin sur la route qu'ils ont frayée devant nous.

Désigné au choix du Conseil de l'Ordre par les suffrages de nos jeunes confrères, nous venons en ce jour arracher à l'oubli les noms de deux hommes qui eurent le double mérite d'être aussi savants et éclairés que simples et modestes, de MM. Alexis et Delphin de Lamothe, avocats au Parlement de Bordeaux.

Il est des familles privilégiées entre toutes les autres : la nature, si avare de ses faveurs les plus précieuses, semble s'être plue à les leur prodiguer. Pour elles, la science et la vertu sont un héritage sacré qu'elles se transmettent de génération en génération, et qui s'accroît des soins et des labeurs de chacune d'elles. La famille de Lamothe nous en offre un exemple frappant.

Daniel de Lamothe, le père des deux hommes que nous devons vous faire connaître aujourd'hui, naquit vers la fin du XVIIe siècle. Reçu à l'âge de vingt-cinq ans avocat au Parlement de Bordeaux, il devint bientôt l'oracle et l'ornement de sa compagnie, et le conseil des plus nobles familles de la province. Les Bouillon, les d'Eydie, les Duras lui confièrent tour à tour la direction de leurs affaires; et dans ces fonctions difficiles qui exigeaient à la fois et le talent de l'avocat et le zèle intelligent de l'administrateur, M. Lamothe se distingua autant par ses lumières et son habileté que par sa probité et son désintéressement.

Toutefois, ces soins multipliés, ses travaux de plaidoirie et de consultations ne lui faisaient point négliger les trésors de la science. Fidèle au conseil d'un magistrat célèbre, il joignait la doctrine à la raison et à l'expérience ; et de nombreux ouvrages, restés à l'état de manuscrits, témoignent encore de son ardeur pour le travail même dans un âge assez avancé. Annotations sur les anciens auteurs du pays bordelais, dissertations sur des matières spéciales, collection d'arrêts inédits, rien n'échappait à son esprit laborieux. Il préparait ainsi des matériaux précieux qui devaient servir plus tard à ses enfants.

Il vécut encore assez pour jouir de leur succès, et mourut doyen de son Ordre, en 1763, après avoir exercé avec éclat pendant plus de trente ans.

Il laissait à ses enfants un nom dont ils se montrèrent les dignes héritiers. L'un d'eux entra dans les ordres ; l'autre se fit un nom parmi les médecins les plus connus ; deux autres enfin, Alexis et Delphin de Lamothe, se distinguèrent au barreau de Bordeaux.

Alexis de Lamothe, le plus jeune d'entre eux, eut une de ces existences modestes dont il reste peu de traces. Esprit froid et sérieux, ami du calme et de la retraite, l'étude était l'objet de ses préoccupations continuelles. Il aimait à reproduire les impressions que faisaient naître en lui ses nombreuses lectures : des notes manuscrites sur Cicéron, César et Suétone, sur l'histoire romaine et l'histoire de France, sont à peu près les seuls produits de ces travaux, dans lesquels il ne cherchait qu'une satisfaction personnelle de son goût pour l'étude.

Il trouvait, dans ce commerce intime avec les générations passées, ces joies tranquilles que la passion ne saurait plus troubler ; il y puisait les règles d'une morale sûre qu'il observa fidèlement durant tout le cours de sa vie.

Ce qu'il fut au barreau, il ne nous a pas été donné de le connaître ; mais son élévation aux fonctions de syndic dut être le prix décerné au mérite.

La Société littéraire de Bordeaux le compta au nombre de ses membres les plus distingués ; et le discours qu'il prononça à la séance d'ouverture, le 6 février 1757, nous fournit le

moyen d'apprécier la nature de son esprit. Il y expose, dans un style empreint de la plus grande simplicité, ses idées sur la manière d'étudier l'histoire de la province. Pour lui, l'histoire n'est pas l'exposé sec et aride des faits : la mémoire doit faire place à la raison, la chronologie doit le céder à la philosophie. « Je penserais, dit-il, que des recherches générales
» sur tout le corps de notre histoire particulière seraient un
» prélude nécessaire à notre projet; qu'ainsi nous devrions
» en commencer l'exécution par fouiller dans les auteurs ori-
» ginaux. Quels sont les peuples qui les premiers ont habité
» l'Aquitaine, quels étaient leurs lois, leurs mœurs, leur
» religion, leur commerce, la forme de leur gouvernement,
» les princes ou les chefs qu'a eus cette province, les grands
» hommes qu'elle a produits, ses différentes limites, et l'ori-
» gine des principales villes qu'elle renferme ? »

Et plus loin : « Etudions, disait-il, notre droit public, mais
» commençons par nous assurer, pour ainsi dire, du mode de
» notre existence : examinons quelles sont les mœurs, quelle
» est la religion, l'esprit, le caractère qui ont dû nécessaire-
» ment influer dans l'établissement de ce droit... Que pense-
» rait-on de voir un particulier, héritier d'un nom illustre,
» qui aurait donné des héros à la patrie, des ministres à l'É-
» tat, des apôtres à la religion, commencer ses recherches
» sur l'histoire si flatteuse et si instructive de sa maison, par
» une étude aussi insipide que stérile des actes de famille ou
» des substitutions qui l'auraient gouvernée ? »

C'est ainsi qu'il vécut au milieu de ces travaux sans éclat, jusqu'au moment où il entreprit avec son frère une œuvre qui devait être pour eux le titre le plus brillant aux souvenirs de la postérité.

La vie de Delphin de Lamothe, l'aîné de la famille, présente un aspect plus varié. Passionné pour l'étude comme son frère, il eut de plus que lui une intelligence plus vaste, un esprit plus ardent. Il aborda tour à tour les connaissances les plus diverses. Poëte, littérateur, physicien, jurisconsulte et philosophe, il offre, à tous ces titres, une ample matière à nos éloges.

M. de Lamothe père, commença lui-même l'éducation de l'aîné de ses fils ; mais bientôt ses occupations nombreuses et l'accroissement de sa famille le forcèrent à confier ce soin à des mains étrangères. Le jeune de Lamothe eut successivement divers précepteurs ; l'un d'eux fut un jeune étudiant en droit dont le nom devait plus tard acquérir une célébrité dangereuse : Lafargue de Grangeneuve.

Envoyé à dix ans au collége des Jésuites, Delphin de Lamothe y étudia sous des maîtres habiles, qui jetèrent en lui les germes d'une éducation brillante et solide à la fois. Fiers des succès de leur élève, ils cherchèrent bientôt à le retenir parmi eux : ces tentatives demeurèrent sans résultat, et le jeune de Lamothe quitta le collége des Jésuites pour celui de Guienne.

Reçu à l'âge de quatorze ans maître ès-arts, il dut prendre un parti, et commença dès lors ses études de droit. Trois ans après, il obtenait le diplôme de licencié.

Son éducation judiciaire ne l'avait pas éloigné de travaux d'un autre genre. Passionné de tout temps pour les sciences physiques qu'il cultivait avec succès, il concourait, bien jeune encore, pour le prix proposé par l'Académie de Bordeaux sur l'origine et la formation des pierres figurées ; et souvent, réuni à ses amis en conférences intimes, il essayait ses forces sur des sujets d'histoire et de jurisprudence.

Ainsi s'écoulèrent les premières années d'une vie consacrée tout entière au travail. Jeune, encore à l'âge où l'étude nous semble une tâche imposée, ou la dissipation et les plaisirs dérobent à la science des moments si précieux, le jeune de Lamothe sut résister à ces entraînements, et préparer de bonne heure les bases solides d'une instruction qui devait faire ses délices et sa gloire dans un âge plus avancé. Quel sujet de méditation pour nous ; quel exemple précieux offert à nos esprits frivoles ! Oui, Messieurs, un siècle à peine s'est écoulé depuis lors, et notre génération présomptueuse croit avoir atteint les limites de la science, ou semble du moins n'en vouloir qu'effleurer les diverses parties !

A dix-neuf ans, Delphin de Lamothe fut reçu avocat au

Parlement de Bordeaux, et présenté sous les auspices de deux avocats distingués : MM. Pelet et Brochon.

Trop jeune encore pour s'essayer aux luttes du barreau, peu versé dans la pratique des affaires civiles, il crut devoir retarder ses débuts. « Il faut (1), a dit Quintilien, qu'un
» jeune homme n'aille pas s'exposer au grand jour avant que
» d'être capable de le soutenir, ni faire montre de ses études
» lorsqu'elles sont pour ainsi dire encore toutes crues; car,
» par là, il s'accoutume à mépriser le travail, l'impudence
» s'enracine en lui, et, ce qui est un grand mal, la confiance
» et la hardiesse devancent ses forces. » Sage leçon d'un grand maître, que nous devrions, jeunes confrères, avoir sans cesse sous les yeux ! Fatale et triste vérité dont nous devrions, nous tous qui entrons dans la carrière, mesurer la haute portée, et qui nous échappe si souvent ! Impatients de combattre, avides de succès prématurés, nous nous lançons dans la mêlée avec des armes fragiles qu'un premier choc fait voler en éclats : heureux si nous n'y trouvons pas la mort. C'est que, si la nature fait les grands orateurs, elle ne saurait à elle seule former le jurisconsulte, qui ne grandit que par le travail et l'expérience des affaires.

Delphin de Lamothe sembla l'avoir compris, et s'appliqua par de constantes études à développer les trésors de son intelligence.

Ce n'est que deux ans après son entrée au barreau qu'il débuta par une plaidoirie qui lui valut, nous dit-il, de nombreux applaudissements.

Le jeune de Lamothe prit bientôt un essor plus hardi.

Frédéric régnait sur la Prusse; prince et philosophe à la fois, il cherchait dans les réformes la solution du problème social; la France était pour lui la source à laquelle il venait puiser de nobles et généreuses inspirations, et l'Académie de Berlin, dirigée par un Français, M. de Maupertuis, le soutenait dans son œuvre gigantesque de régénération.

Il venait de mettre la dernière main à un projet de réforme

---

(1) Quint., l. 12, c. 6.

judiciaire et de le livrer à la publicité : exemple généreux d'un prince qui, comprenant son siècle, cherchait à diriger le progrès, ce torrent rapide qui entraîne les obstacles qu'on lui oppose. Législateur prudent, qui jetait son œuvre en pâture à la critique dont il attendait les utiles leçons.

Ce projet d'organisation judiciaire parut au jeune de Lamothe un sujet brillant d'appréciation ; il se lança dans la carrière, et bientôt après il adressa à M. de Formey, alors secrétaire de l'Académie de Berlin, et l'un des collaborateurs de l'*Encyclopédie*, une lettre qui fut le principe d'une correspondance suivie entre le savant étranger et le jeune avocat bordelais.

L'entreprise était périlleuse ; il l'aborda sans crainte et l'accomplit avec succès.

Dans la première de ses lettres, datée de janvier 1749, après avoir exprimé les scrupules de son inexpérience, il examinait la question si épineuse des formalités judiciaires ; et son esprit jeune et ardent, impatient de règles et d'obstacles, se laissait entraîner à l'exagération d'une pensée généreuse. « Il n'est
» aucune des actions humaines, disait-il dans sa première
» lettre, qui, dans son principe, soit assez compliquée et ac-
» compagnée de circonstances assez embarrassantes, pour ne
» pouvoir être expliquée par la partie elle-même, et décidée
» en très-peu de temps par celui que l'autorité supérieure a
» établi pour la terminer. Les matières même les plus em-
» brouillées ne le sont que parce qu'elles ont vieilli ; et les
» questions qui naissent d'un fait récent, peuvent toujours
» être décidées sur l'exposition de la seule partie. »

Et plus loin : « Il serait facile de se passer d'avocats, et de
» procureurs, surtout, n'y ayant plus dans les procédures ces
» formalités embarrassantes qui presque toujours embrouil-
» laient la décision des procès et les rendaient si formidables.
» Le juge éclairé suppléerait par ses lumières à ce qu'une
» partie timide ou grossière oublierait dans sa défense ; et
» comme il serait lui-même l'avocat pour et contre, il n'au-
» rait pas besoin de se tenir sur ses gardes contre deux adver-
» saires dangereux et toutes leurs ressources artificieuses. »

Séduit par la nouveauté de l'idée, le jeune de Lamothe n'avait pas assez pesé les conséquences du système qu'il voulait faire prévaloir. Novice au barreau, il ne savait pas encore ce que la cause gagne par le talent de l'avocat, ce que la justice elle-même gagne par sa modération. Il ignorait aussi que le mal naît de l'abus.

Que n'avait-il sous les yeux ces paroles d'un savant magistrat, qu'il citait lui-même plus tard; de Montesquieu, qui avait dit : « Si vous examinez (1) les formes de la justice par rap-
» port à la peine qu'a un citoyen à se faire rendre son bien,
» ou à obtenir satisfaction de quelque outrage, vous en trou-
» verez sans doute trop. Si vous les regardez dans le rapport
» qu'elles ont avec la liberté et la sûreté des citoyens, vous
» en trouverez souvent trop peu, et vous verrez que les pei-
» nes, les dépenses, les longueurs, les dangers même de la
» justice, sont le prix que chaque citoyen donne pour sa li-
» berté. »

Il voulait supprimer à la fois procédure et avocats; et, dans cette même lettre où il sapait d'un coup de plume ces garanties sacrées de la justice, il défendait lui-même la noblesse et le mérite de notre Ordre, sa loyauté et son indépendance.

Ecart d'un esprit inexpérimenté qui devait, plus tard, se réfuter lui-même.

M. de Formey comprit bien ce qu'il y avait d'avenir dans cette courageuse tentative d'un homme de vingt-quatre ans, et favorisa de réponses bienveillantes ce génie naissant.

Dans les lettres qui suivirent, les questions les plus graves furent tour à tour abordées ; et dans la troisième, le jeune de Lamothe, revenant à des idées plus sages, écrivait les lignes suivantes : « Le juge pourrait être intègre et éclairé, avoir
» même des lumières extraordinaires, et n'avoir pas pris garde
» à tout ce qui peut favoriser une cause. Car, ou il suffira de
» lui exposer le fait du procès sans lui expliquer les raisons de
» droit sur lesquelles il doit asseoir son jugement; et lui laisser
» par là le soin de les trouver, de les discuter, de les appro-

---

(1) Esprit des lois, l. 6, ch. 2.

» fondir ; ou il doit être permis, en le supposant même très-
» habile et très-honnête homme, de lui prescrire en quelques
» façons la route qu'il doit suivre, de lui indiquer les lois, de
» les lui expliquer, de lui fournir enfin toutes les raisons qui
» peuvent balancer son suffrage, et le déterminer en faveur
» de celui qu'on défend. N'est-ce pas de cette espèce de com-
» bat que naît ordinairement la lumière de l'équité que
» cherche le juge, et qui échappe si souvent à ses regards ? »

Dans cette même lettre, il s'élevait à la hauteur des esprits les plus judicieux, et traitait d'une manière remarquable de la nécessité de l'éloquence chez l'avocat ; développant ce précepte de Cicéron, qui avait dit : « Les juges sont hommes
» comme les autres : et, quoique la vérité et la justice les in-
» téressent par elles-mêmes, il est bon de les y attacher
» encore plus fortement par quelque attrait. »

Plus loin, il attaquait sous les coups d'une fine ironie la vénalité des charges, cette plaie de l'ancienne magistrature. « Je vois avec étonnement, disait-il, que la vénalité des char-
» ges est inconnue parmi vous. Comment ! les places, les
» honneurs s'y donnent au mérite ! Un Français ne le croira
» pas ; il croira que vous voulez parler de ce qui s'observe
» dans la république de Platon ou dans le royaume de
» Mentor. »

Quelquefois, abandonnant le terrain des matières judiciaires, il s'occupait de questions scientifiques : il adressait à l'Académie de Berlin une dissertation sur la couleur des nègres.

Les publications nouvelles fournissaient aussi matière à sa correspondance ; il s'entretenait souvent avec M. de Formey d'un livre dont la renommée retentissait alors par toute l'Europe, cherchait à le venger des attaques pleines de fiel et d'amertume des gens d'église et des critiques dirigées par eux contre ce livre qu'ils appelaient scandaleux.

Mais ce que permettait une correspondance privée, la censure n'aurait pu le tolérer : les foudres ecclésiastiques menaçaient de toutes parts ; et dans une lettre écrite en 1750, le correspondant de M. de Formey lui faisait cet aveu de l'im-

possibilité de livrer au public une correspondance aussi précieuse : « Vous m'invitez, lui dit-il dans la septième lettre,
» à faire part au public de notre correspondance, dans quel-
» ques-uns de nos journaux littéraires; nous n'en avons au-
» cun dans lequel nos lettres puissent trouver place, que le
» *Mercure* et le *Journal de Verdun*, et qui est-ce qui lit ce
» dernier? Quant à l'autre, la franchise et la liberté avec la-
» quelle nous pourrions raisonner sur mille choses différentes,
» seraient incompatibles avec la gêne de la presse française;
» nos lettres seraient impitoyablement tronquées, réformées,
» défigurées suivant la fantaisie du mercuriographe. Mais cette
» *Bibliothèque impartiale* de Hollande, dont vous me parlez
» dans votre dernière, me paraîtrait une voie très-propre à
» instruire le public de ce que nos lettres contiendraient d'u-
» tile ou d'amusant. » Funeste aveuglement d'un pouvoir despotique ; fatale compression de la pensée, qui, semblable au gaz impétueux, devait puiser de nouvelles forces par la compression elle-même.

Ces travaux si divers ne le détournaient pas des devoirs de la profession qu'il avait embrassée; il en poursuivait le cours, entouré des sympathies de ses confrères du barreau, qui lui décernèrent bientôt le titre de syndic de l'Ordre.

La rentrée du Parlement, en 1758, lui fournit l'occasion d'un discours remarquable dont le sujet, choisi par lui, était l'histoire du Parlement de Bordeaux.

Nous savons tous, Messieurs, ce qu'était ce Parlement; ce qu'il eut à souffrir des excès du pouvoir royal et des tourmentes révolutionnaires; quelle dignité, quel courage il sut leur opposer. Le barreau témoin de ces luttes, lié par des relations journalières à ces nobles magistrats, leur exprimait l'étendue de ses sympathies par l'organe du syndic.

Il rappelait successivement ces grandes luttes du Parlement, sa conduite généreuse, ses efforts pour le maintien de l'ordre et les garanties de liberté. « Un siècle plus pacifique,
» disait-il en terminant sa première partie, a amené des
» mœurs plus douces; mais s'il n'y a plus d'ennemis armés
» contre qui le Parlement vous défende, il en est de plus dan-

» gereux qu'il écarte avec sollicitude : il éclaire le prince sur
» ses véritables intérêts, qui sont toujours ceux de son peuple ;
» il lui peint nos besoins et nos malheurs ; il le met en garde
» contre ces maximes pernicieuses que la basse flatterie a tou-
» jours à la bouche ; il s'expose à tout pour le soutien de la
» vérité et le soulagement de vos peines : quel plus puissant
» motif sur nos cœurs pour exciter leur tendre reconnais-
» sance ! »

Plus loin, il retraçait les vertus des membres les plus illustres du Parlement de Bordeaux. « Quelle longue suite de
» grands hommes, disait-il, se présente à mes yeux ! Quel
» noble assemblage de toutes sortes de vertus ! Et comment
» mon faible pinceau pourra-t-il en tracer des tableaux fidè-
» les ! Images vivantes de ces grands modèles, pourquoi ne
» me permettez-vous pas de vous offrir vous-mêmes aux re-
» gards du public ? » Et tour à tour il évoquait les noms
fameux des Belcier, des Ferron, des Bohier, des Montaigne
et des Montesquieu. « Pour nous, s'écriait-il en terminant,
» pour nous, mes chers confrères, dont la compagnie a la
» gloire d'avoir donné naissance à plusieurs de ces graves ma-
» gistrats ; qui rappelons toujours avec plaisir les noms des
» Brassier, des Chimbaud, des Dudon, des Métivier ; nous,
» qui, étant placés un degré plus bas que la magistrature à
» laquelle la noblesse et l'importance de nos fonctions nous
» associent, sommes plus à portée de contempler de près ces
» modèles, ne cessons jamais de les respecter, de les aimer,
» de les imiter. Empressons-nous, dans ce jour solennel, de
» rendre au Parlement un hommage d'autant plus pur qu'il
» est plus volontaire, et méritons la confiance, la bonté et la
» considération dont il nous honore. »

C'est là, Messieurs, qu'il se montra véritablement orateur ; nous voudrions pouvoir faire passer sous vos yeux toutes ces pages écrites avec l'enthousiasme d'un cœur qui se plaît à retracer les gloires de son pays, qui semble deviner l'avenir de ces assemblées d'où partira plus tard le premier cri de liberté. Mais des sujets nouveaux appellent notre attention : la fougue de la jeunesse a passé, la science a grandi.

Depuis longtemps, les MM. de Lamothe s'occupaient de l'histoire de Bordeaux ; des études sérieuses sur les mœurs du pays et sur les origines, des travaux devenus indispensables sur la législation particulière du ressort leur avaient fait comprendre le lien intime qui unissait l'histoire à la législation, et la nécessité de les combiner pour les comprendre. Et bientôt, réunissant le fruit de ces longues études, ils avaient conçu le plan d'un commentaire sur les diverses coutumes du ressort, au point de vue judiciaire et historique à la fois. Travail utile sous tous les rapports, mais dont la réalisation présentait de sérieuses difficultés.

La coutume de Bordeaux offrait plus que toutes les autres un champ vaste et fertile à leur esprit laborieux : c'est par elles qu'ils commencèrent.

Déjà cette coutume avait été l'objet de commentaires successifs; Ferron, Automne, et, après eux, Dupin, avaient produit des ouvrages, précieux sans aucun doute, mais plus curieux de la lettre que de l'esprit; les uns adoptant la forme du commentaire par articles, l'autre, celle du répertoire alphabétique. C'était de la compilation savante, de la science sèche, aride et repoussante. Les frères de Lamothe comprirent qu'il y fallait mêler l'histoire; qu'il fallait conduire le lecteur à l'origine des coutumes, leur en faire connaître les bases primitives, et en suivre le développement successif, à travers les événemens qui avaient pu les modifier.

Ils y réussirent, Messieurs, et leur ouvrage, nous pouvons l'affirmer, offre des attraits pour ceux-là même qui veulent y puiser autre chose que des notions juridiques.

Nous n'entreprendrons pas l'analyse de cet ouvrage, digne d'une appréciation plus éclairée; qu'il nous soit permis, cependant, de vous en faire connaître le plan et l'économie.

Antérieurement au XVIe siècle, époque de la réformation des coutumes, il existait, dans le pays bordelais, un recueil en patois des usages les plus répandus, des décisions notables. C'était là le seul corps de droit officiel. Et d'ailleurs, qu'importaient les règles de la loi ? la justice, abandonnée aux caprices des seigneurs, n'avait guère d'autre base que leur volonté, d'autre but que leur intérêt personnel. Mais lorsque l'organisation des tribunaux émanés de la puissance royale, composés d'hommes savants et éclairés, vint remplacer ce désordre si fatal à la justice, le besoin se fit sentir d'une codification plus régulière.

Sous Louis XII, M. de Lamarthonie, président du Parlement de Bordeaux, fit entreprendre ce travail de réformation des coutumes. Ce travail, bientôt abandonné, fut repris par les ordres de François Ier, et sous la direction du président de Belcier; des lettres patentes du Roi lui indiquèrent ses devoirs, et, le 7 février 1520, s'ouvrit une assemblée de membres pris dans les trois ordres, qui donna bientôt à la province un code, imparfait il est vrai, mais qui présentait un ensemble de législation en 117 articles.

Voilà quelles étaient les matières que les frères de Lamothe se proposaient d'éclaircir et d'expliquer.

Les coutumes anciennes et leur style original leur offrirent les sujets les plus curieux et les plus intéressants : ici le fort de Saint-Seurin et la peine du talion; là les règles despotiques de la puissance paternelle et les lois bizarres des combats judiciaires. Leur profonde connaissance de l'histoire du pays bordelais leur permit de donner à ces divers sujets leur véritable couleur.

Les coutumes réformées furent aussi l'objet d'un examen non moins intéressant, mais plus scientifique. Explications historiques, annotations savantes, rapprochements utiles, collection de décisions et d'arrêts, rien ne fut étranger à nos savants commentateurs; et, profitant ici de l'expérience et des travaux de leurs prédécesseurs, ils surent leur emprunter ce qu'ils avaient de bon, évitant les fautes qu'ils avaient pu commettre.

C'était là la matière du premier volume, qui parut en 1768; l'année suivante, ils donnèrent le second volume, contenant les divers arrêts rendus en interprétation de la coutume, et des dissertations sur les points les plus controversés.

Ce commentaire sur la coutume de Bordeaux n'était, nous l'avons dit, que la première partie d'un travail plus considérable sur toutes les coutumes du ressort; mais dans ce siècle de coteries et de préjugés, leur publication n'obtint pas le succès qu'ils avaient espéré, et ils renoncèrent à poursuivre l'œuvre qu'ils avaient entreprise.

Cependant, dix ans plus tard, ils publiaient le commentaire sur la coutume de Bergerac : adoptant la traduction qui en avait été faite par Étienne Trelier, conseiller au Parlement de Bordeaux, ils enrichirent ce texte d'observations critiques et de conférences précieuses avec les autres coutumes.

Dix ans s'étaient écoulés entre la publication de ces deux commentaires, et durant cet intervalle nos deux jurisconsultes n'étaient pas demeurés inactifs. Une nouvelle carrière s'était ouverte pour l'un d'eux, carrière moins brillante peut-être, mais plus conforme à la nature de son esprit et à la simplicité de ses désirs.

La renommée avait porté le nom de Delphin de Lamothe jusque dans les régions élevées du pouvoir, et le chancelier Meaupou le désigna, en 1771, comme devant recueillir la survivance de la chaire de droit français occupée par M. de Bacalan, président du Parlement de Bordeaux. Deux ans après, la mort du titulaire lui permit d'aborder la chaire à laquelle il était appelé.

Dans ces nouvelles fonctions, Delphin de Lamothe apportait cet amour de l'étude, cette ténacité de travail, qualités si rares et si précieuses pour le professeur; il y apportait aussi les fruits d'une longue expérience appuyée de sérieuses méditations.

Nous savons tous, Messieurs, ce que devait être alors l'étude de la législation. Un génie puissant n'avait pas encore réuni en un seul corps les dispositions de la loi. Les textes du droit romain nombreux et désordonnés, les ordonnances royales sans liaison entre elles, les coutumes locales diverses et multipliées, tel était le dédale dans lequel le professeur devait guider ses élèves.

Delphin de Lamothe comprit que la synthèse était le seul moyen d'initier ses auditeurs à la science qu'il devait leur enseigner; et dans un ouvrage composé pour son cours, il exposa son plan d'études et le développa avec clarté et précision. Posant de prime-abord les principes généraux, il en déduisait les conséquences, et l'esprit, conduit graduellement à travers les sentiers de la logique, arrivait sans efforts à comprendre. Ce fut, Messieurs, la régénération de l'école de droit de Bordeaux; des auditeurs nombreux vinrent fréquenter les bancs de cette école, où se formèrent ces avocats savants qui illustrèrent plus tard le barreau bordelais.

Les nouvelles fonctions de Delphin de Lamothe lui fournirent l'occasion de s'occuper successivement des ordonnances sur la procédure civile et criminelle : des manuscrits, quoique incomplets, nous permettent encore d'apprécier le mérite de ces commentaires.

Dans le premier, relatif à l'ordonnance civile de 1667, il toucha de nouveau cette question qu'il traitait autrefois dans sa correspondance avec M. de Formey: l'utilité de la procédure; et son esprit plus mûr, instruit par l'expérience, réfutait ces principes que l'esprit ardent d'un jeune homme avait développés. « La procédure, disait-il, ne peut être laissée ni
» à la fantaisie des plaideurs, ni à l'arbitraire du juge; la
» cupidité et la mauvaise foi des premiers élèveraient tous
» les jours un dédale nouveau, dont la chicane fermerait tou-
» tes les issues à la justice; et les juges, ne suivant dans l'in-
» struction et le jugement des affaires d'autre marche que
» celle de leur fantaisie, dégénéreraient bientôt en despotes,
» quoique avec les meilleures intentions. »

Plus tard, dans son commentaire sur l'ordonnance criminelle de 1670, il montrait que la philosophie ne lui était pas plus étrangère que les autres sciences. Bien que retenu dans les bornes étroites du commentaire, il appréciait les dispositions de l'ordonnance, et frappait de réprobation et l'instruction secrète, et les pratiques tortionnaires. « Que ce titre, di-
» sait-il en parlant du titre 19, n'est-il pas effacé du Code
» criminel! et pourquoi faut-il qu'on parle de question et de
» torture autrement que pour déplorer les abus qui peu-
» vent naître d'une pratique aussi cruelle dans son exercice
» qu'incertaine dans ses résultats! »

Une occasion plus favorable s'offrit bientôt à lui d'exposer ses propres idées sur les matières criminelles. C'était en 1777; le conseil de Genève proposait, au nom de la Société économique de Berne, un prix de cinquante louis pour un plan complet de législation criminelle. Son ardeur pour les grandes questions se réveilla à cet appel, et, après un travail de plus d'une année, il put envoyer au secrétaire de cette société savante ce travail important.

Une carrière large était ouverte à son esprit philosophique; dégagé des bornes d'un programme, libre des entraves d'un commentaire, il put donner un libre cours à ses idées sur ce sujet aussi vaste qu'intéressant.

Dans la lettre qui accompagna l'envoi de son travail, l'auteur appréciait le système pénal de l'époque, indiquant ce qu'il avait de vicieux selon lui et ce qu'il croyait susceptible de modifications. « Les législateurs, disait-il, n'ont pas assez
» considéré, ce semble, la marche et l'effet des passions hu-
» maines; ils ont, d'une part, confondu presque tous les crimes
» en les imposant de peines égales, et ces peines, ils les ont
» établies si sévères, qu'ils ont trouvé en quelque sorte le
» moyen de les rendre inutiles. » L'auteur nous apparaît ici au point de vue moral, et son ouvrage abonde en idées marquées au coin de la plus saine philosophie. Qu'il nous suffise ici de mettre sous vos yeux quelques lignes de ses réflexions générales sur l'administration de la justice criminelle. « Prévenir
» les crimes, disait-il, voilà le grand art du législateur. Ré-
» compenser les bonnes actions, les gens vertueux, est certaine-
» ment un moyen de parvenir à ce but, et ce ressort n'est pas
» assez employé. Celui qui fait le bien devrait peut-être se
» contenter, pour toute récompense, de la satisfaction qu'il
» éprouve à remplir ses devoirs, il n'en est pas de plus flat-
» teuse; mais elle peut ne pas suffire pour le vulgaire : il
» conviendrait donc qu'il trouvât un avantage physique à
» faire le bien, comme il s'expose à une peine physique en
» faisant le mal. »

Et cependant, Messieurs, ce même criminaliste qui tout à l'heure déclamait contre les excès de la torture, abandonné à ses propres idées, la maintenait encore; l'appliquant, il est vrai, à des cas très-restreints, la modérant dans ses rigueurs. Fatale concession aux idées de l'époque qui séduisaient, les plus nobles cœurs par l'apparence trompeuse d'une nécessité qui n'avait rien de réel.

La science sociale n'avait point échappé aux méditations de Delphin de Lamothe. Le sort de la population des campagnes, pressurée et taillée à merci par les seigneurs et leurs officiers, avait éveillé sa sollicitude, et, dès l'année 1774, il avait jeté les bases d'un code destiné à remédier à cet état de choses. Rien n'y manquait, pas même l'exposé des motifs qui devait le précéder. « Le laboureur et le cultivateur, disait-il dans » son préambule, parlant au nom du prince, sont véritable-» ment le soutien des États : à ce titre, nous devons les pro-» téger et les encourager de tout notre pouvoir. Tout entiers » à leurs travaux, ils ne viennent point solliciter des faveurs; » c'est donc à nous à les prévenir et à répandre sur eux les » grâces. » Puis, dans des titres successifs, il décrétait des règles destinées à leur procurer le bien-être et la légalité : exemption d'impôts aux familles nombreuses, établissement de récompenses décernées au mérite et à la vertu, fixation des heures de travail, secours aux agriculteurs infirmes et réduction des corvées.

Ce projet plein d'idées généreuses fut successivement adressé à Turgot, à Necker et à Bertin : il était destiné à rester oublié dans les bureaux d'un ministère !

Un dernier mot, Messieurs, sur Delphin de Lamothe. Les études sérieuses ne lui firent pas négliger des sujets plus frivoles.

Le dessin fut de tout temps l'objet de ses prédilections : il excellait à reproduire, en les exagérant, les ridicules de ceux qui l'entouraient. Son talent dans ce genre faillit avoir pour lui, au début de sa carrière, de funestes conséquences : Desplats, l'un de ses confrères au barreau, prit au sérieux certaine plaisanterie; l'affaire s'envenima, et l'on en vint à ce point que le président Leberthon fut obligé d'intervenir.

Les muses ne lui furent pas moins familières : il aimait à

correspondre en vers; il composait tour à tour des couplets et des fables, où le fond de la pensée ne le cédait en rien à l'harmonie du style.

C'est ainsi que souvent les esprits les plus sérieux viennent se rafraîchir et délasser leurs fibres trop tendues.

Cette existence si bien remplie, ces travaux continuels de l'esprit avaient usé le corps : il mourut dans un âge peu avancé, et son frère Alexis ne lui survécut pas longtemps.

Tels furent, Messieurs les frères de Lamothe. Si la nature leur avait refusé ces qualités brillantes qui font l'éclat d'une carrière, le travail et l'étude leur ont acquis des succès plus solides.

Le récit de leur vie est leur plus bel éloge : puisse-t-il être pour eux une source inépuisable de gloire, pour nous un sujet de méditation et d'encouragement !

Et vous, jeunes confrères, dont l'amitié nous a choisi pour interprète de ses sentiments de reconnaissance, dont les sympathies nous ont décerné le périlleux honneur de vous entretenir aujourd'hui; que l'indulgence vienne encore augmenter le prix de vos suffrages, et qu'un timide essai ne soit pas pour nous le signal d'une chute irréparable !

www.ingramcontent.com/pod-product-compliance
Lightning Source LLC
Chambersburg PA
CBHW071439060426
42450CB00009BA/2250